Couvertures supérieure et inférieure manquantes

Faculté des Lettres de Strasbourg.

COURS DE PHILOSOPHIE.

PREMIÈRE LEÇON
DU DEUXIÈME SEMESTRE 1841-1842.

PAR

M. DELCASSO.

Doyen de la Faculté des Lettres.

STRASBOURG,

Chez Ve LEVRAULT et chez DERIVAUX, libraires.

1842.

Strasbourg, imprimerie de V.e Berger-Levrault.

Messieurs,

Ce n'est pas sans un profond sentiment de tristesse que je viens momentanément m'asseoir dans cette chaire de philosophie, autour de laquelle fermentaient naguère des passions que je ne veux pas réveiller. De hautes convenances, et surtout un esprit de paix et de conciliation, nous interdisent tout retour sur les faits accomplis. Mais, sans toucher aux questions qui ont amené d'affligeants débats, nous pouvons au moins témoigner ici l'intérêt que nous prenons à l'avenir d'un jeune professeur, dont nous ne sommes point le juge, mais le confrère et l'ami; dont nous avons admiré avec vous l'esprit original et la brillante érudition, et dont le talent remarquable n'a besoin, pour grandir encore, que d'apprendre à maîtriser ses vives et entraînantes inspirations.

Vous n'avez peut-être pas oublié, Messieurs, qu'il y a douze ans, une liberté jalouse et intolérante ayant réduit au silence un philosophe éloquent, parce que ce philosophe était prêtre, j'acceptai la difficile mission, non de le remplacer, mais de le suppléer. Aujourd'hui que des attaques d'un autre genre et d'une autre origine menacent encore l'enseignement universitaire, je me suis résigné, dans l'intérêt des études, à occuper de nouveau un poste rendu vide pour la seconde fois. Il faut la conscience d'un devoir à remplir pour monter ainsi, presque sans préparation, à une tribune qui paraît avoir le triste privilége d'appeler les orages des points de l'horizon les plus opposés.

Toutefois, Messieurs, n'allons pas grossir nous-mêmes l'importance des injustes préventions auxquelles l'Université est en butte. Hâtons-nous de le dire, la Faculté des lettres compte assez d'amis dans cette sage et studieuse cité, pour ne pas s'inquiéter outre mesure de quelques accusations isolées, qui par leur exagération même ont perdu toute valeur. Nous avons d'ailleurs un moyen sûr de triompher du mauvais vouloir le plus obstiné, c'est d'opposer à la violence la modération, à l'injustice le bon droit, à l'erreur la vérité. A ces conditions, les sympathies des différentes classes de la société ne nous manqueront pas; et c'est dans cette adhésion générale que nous puiserons la force nécessaire pour soutenir la charge pesante, mais honorable, qui nous a été imposée par la confiance du ministre.

Et d'abord, déclarons-le hautement, nous sommes décidé à ne pas laisser dépérir entre nos mains le dépôt qui nous est commis, c'est-à-dire, l'indépendance du professorat. Sans indépendance, il n'y aurait ni dignité pour le maître, ni progrès pour la science. Mais cette liberté d'examen et de discussion saura se contenir dans de sages limites. A Dieu ne plaise qu'il nous échappe jamais une seule parole qui puisse blesser, même indirectement, des intérêts sacrés pour nous tous! Le respect des choses saintes, nous en avons déjà fait l'expérience, peut se concilier avec les justes prérogatives de la philosophie, qui ne veut régner que dans sa sphère, mais qui ne consentira jamais à s'annuler, en se laissant absorber dans la théologie.

Aujourd'hui que l'on a imprudemment contesté à la science son autorité, ses bienfaits et jusqu'à son existence, c'est à la science de revendiquer ses franchises et privilèges, de montrer ce qu'elle est, ce qu'elle vaut, ce qu'elle peut, de défendre énergiquement son domaine et ses droits. Voilà pourquoi, Messieurs, nous croyons devoir nous placer au cœur même de la philosophie, et choisir pour sujet de nos leçons une question capitale, qui précède et qui domine toutes les autres; une question à laquelle nul penseur ne peut échapper, car elle se présente à l'entrée de toute étude sérieuse; une question autour de laquelle viennent s'entre-choquer les systèmes rivaux, la question de *la légitimité de nos connaissances*. Je dis qu'en ce grand problème se résume la philosophie entière, puisque la philosophie est avant tout la science des principes, la science du vrai.

Y a-t-il pour nous quelque chose de certain? Tant que cette difficulté première n'est pas résolue, la logique, la morale, le droit, l'esthétique, sont radicalement impossibles. Otez la certitude de nos jugements, et vous arrachez de la conscience les idées souveraines du vrai, du bien et du beau. Dès lors, sans principes et sans règle, l'homme, dans la vie comme dans la science, erre au gré de ses passions et de ses caprices, et la société va s'abîmer dans le chaos.

Il n'y a pas de savoir si haut placé, qu'il puisse se passer d'un *criterium* de vérité; il n'y a point de croyance naïve qui n'en éprouve quelquefois le besoin. En vain les instincts du cœur et de l'esprit voudraient se laisser aller à croire, sans se rendre compte des motifs de leur foi; l'inévitable problème les poursuit, vient impitoyablement troubler leur innocente quiétude, et leur demander les titres et les garanties de leur conviction. « Vous prétendez voir, comprendre, retenir et juger; mais savez-vous au juste ce que c'est que sensation, intelligence, mémoire et jugement? Qui vous assure de la réalité, je ne dis pas seulement des objets de votre savoir, mais de votre propre existence? » Redoutable question, qui a préoccupé tous les métaphysiciens de quelque valeur, depuis Pythagore et Socrate jusqu'à Buchez et Lamennais! Tous ont voulu donner au bon sens la sanction de la science.

Bien des siècles ont eu à lutter contre l'anxiété du doute; mais à aucune époque peut-être cette maladie ne fut plus cruelle et plus contagieuse que de nos jours. Partout vous entendez gémir de l'oubli des vieilles maximes, du mépris des règles établies. Après avoir brisé les théories littéraires, on en vient à démolir la famille; de l'anarchie de la pensée on passe à l'anarchie sociale. Serions-nous descendus à ce point, que tout fût remis au caprice et à l'aventure? L'expérience des siècles est-elle une illusion, l'enthousiasme du bon un rêve, le dévouement une folie? Non, Messieurs, vous ne consentirez pas à laisser se dissiper en fumée toutes vos richesses positives et spéculatives. Surtout vous ne laisserez pas périr la foi en vous-mêmes, en votre sens intime, cette croyance sur laquelle reposent toutes les autres. Songez-y bien, l'incertitude de la conscience entraînerait une ruine universelle : si le sol manque sous vos pas, tout s'abîme avec vous.

Voulez-vous donc conserver le fruit des travaux de vos pères, la moisson de tant de siècles? voulez-vous asseoir votre propre doctrine sur une base solide? voulez-vous être sûrs du monde et de vous-mêmes? demandez à la philosophie le *criterium* du vrai, le point fixe sur lequel s'appuie tout le reste. Ou la philosophie est la plus amère des déceptions, ou elle doit nous garantir la certitude, la légitimité de nos connaissances.

Mais d'où lui viendra la lumière? où trouvera-t-elle

l'autorité dont relève la science? faut-il nous adresser à la nature, à l'humanité, à Dieu?

Ici les systèmes se présentent en foule : l'un cherche la solution du problème dans les sens, l'autre dans les idées; celui-ci dans le moi, celui-là dans la raison. Il y en a qui ne croient qu'au sentiment, il en est qui ne mettent leur confiance que dans l'être absolu. Ces hypothèses diverses, il faut l'avouer, ont été poussées au scepticisme par une logique rigoureuse, et nous reconnaîtrons qu'il leur est difficile d'échapper à cette fatale conséquence.

Voyez d'abord ceux qui ont pris leur point d'appui sur la terre et qui veulent tout expliquer par des impressions organiques. Leur croyance, construite avec des sensations fugitives, flotte au gré des phénomènes qui passent sans s'arrêter, qui paraissent incessamment sans jamais arriver à l'être. Emporté par le tourbillon de cette vie multiple, l'homme cherche en vain à ressaisir son activité volontaire et son unité; au sein de ces perpétuelles transformations, il perdra jusqu'à son identité personnelle. Que deviennent, dans ce mouvement aveugle et fatal, l'intelligence, la liberté, la morale? Dès que le vent du doute vient à souffler sur ces sables mouvants, il emporte, avec le fragile édifice des opinions, toutes les existences à la fois, le sujet aussi bien que l'objet, Dieu, le monde, la société et le philosophe lui-même.

Qu'est-ce en effet que la sensation? Une simple modification du sujet pensant. Que peut-elle attester au delà d'elle-même? comment, sur la foi d'un phénomène purement interne, croire fermement à la réalité extérieure? Aussi l'inexorable dialectique de Berkeley et de Hume a-t-elle condamné le sensualisme anglo-français à l'idéalisme le plus mesquin et le plus stérile.

Pour rendre quelque consistance au savoir humain qui s'en allait en rêves et en illusions, pour ramener le particulier au général, le contingent au nécessaire, et par là restituer aux spéculations philosophiques l'autorité qu'elles avaient perdue, les Écossais s'adressèrent au sens commun, aux lois vagues et indécises de leur entendement. Kant, d'une main plus ferme, établit les formes de la raison et dressa la liste de ses catégories. Ainsi le bon sens et le génie ramenaient la science dans les voies qu'avaient suivies Platon, Aristote et Descartes; l'âme retrouvait un régulateur. Mais ce régulateur d'où sortait-il? ces lois, ces formes de l'esprit humain n'étaient-elles pas filles du sujet pensant? et Fichte ne dut-il pas se croire en droit de faire naître du rationalisme de Kant l'idéalisme subjectif ou la souveraineté du moi?

Dès lors la libre activité de l'esprit humain se révolta contre le sensualisme qui avait cru l'annihiler. Le moi se posa lui-même comme cause et raison de tout : il osa tirer de son propre sein l'univers, ses lois et son auteur. Mais, en dépit de ses prétendues créations, ou, pour mieux dire, de ses transformations, ce *moi* solitaire au milieu d'un vide immense, n'enfantera jamais une dualité réelle. A quoi se réduisent ses convictions? Il est peut-être sûr d'être ce qu'il est, de sentir ce qu'il sent, de croire ce qu'il croit. Oui, mais que signifient ses sensations et ses croyances? que sont-elles, sinon le *moi* lui-même? A quoi aboutit l'équation, l'identification du sujet et de l'objet, sinon à une improductive unité, idée insaisissable, ombre, fantôme qui échappe quand on croit l'embrasser?

Effrayées des déceptions du sensualisme, du rationalisme subjectif et de l'idéalisme transcendental, des âmes honnêtes cherchèrent un secours plus efficace dans les touchantes inspirations du sentiment. Jacobi demanda aux instincts du cœur, à un noble et pur mysticisme, cette direction sûre dont ne peut se passer la conscience, et que semblaient lui refuser les froides abstractions des écoles antérieures et contemporaines. Mais que peut-on fonder de stable dans la région orageuse des affections humaines? Mes émotions, mes sympathies ne sont pas la raison suprême des choses, elles ne font pas à leur gré la vérité ou l'erreur. Aimer, haïr, se passionner, sont des effets, des résultats, et non des principes.

Cependant, Messieurs, la métaphysique, loin de se décourager, s'opiniâtrait contre les obstacles. Schelling, s'élevant de prime abord à l'*être absolu*, crut voir de cette source mystérieuse jaillir, sous une double manifestation, l'idéal et le réel, qui, en vertu de la loi de l'identité, rentrent nécessairement dans leur unité primitive, ou plutôt n'en sortent jamais. Ce Dieu nouveau de la philosophie n'étant que la fusion de l'idée dans l'être, l'absorption de l'objet dans le sujet, devait aboutir à je ne sais quel tout indécomposable, immobile, Dieu, homme et nature à la fois. La doctrine de l'identité absolue ne peut devenir pratique qu'à la condition d'être inconséquente. Logiquement, elle ne saurait arriver à la science, à la liberté, à l'action.

Pour tirer la philosophie de son éternel repos au sein de l'immuable unité, un génie étrangement hardi et original, Hegel, proposa l'évolution dialectique de l'*idée*, qui, dans sa marche progressive, produit le monde, la société et tous les développements de l'esprit humain.

Mais qu'est-ce au juste que l'idée, ce germe primordial, cet embryon universel? d'où vient la loi de sa continuelle genèse? Grande énigme, dont un autre essayera de nous donner le mot! D'un vol hardi, s'élançant au sein de l'Être suprême, M. de Lamennais nous révèlera les secrets de son ineffable nature: il nous fera assister à la création, qui n'est que Dieu lui-même réalisé extérieurement. Les lois des êtres finis ne seront par conséquent qu'une dérivation des lois de l'être infini. Peut-être serez-vous tentés de demander à l'auteur comment il lui a été donné de pénétrer dans ces mystères. Il vous répondra qu'il n'a fait que recueillir la tradition commune des peuples, et qu'à ses yeux il n'y a de certitude que dans la raison générale, dans une espèce de suffrage universel, qu'aucun philosophe, hélas! ne pourra jamais constater, et qui, peut-être, ne donnerait pas toujours le vrai que nous cherchons.

Je vous le demande, Messieurs, que faut-il penser de ces nombreuses tentatives? Sensation, idée pure, raison personnelle, sens commun, sentimentalisme, identité absolue, idéalisme dialectique, évolution de l'être; que sont, en dernière analyse, ces doctes et ingénieuses solutions, sinon le plus souvent de gratuites hypothèses, des affirmations contestables, d'insaisissables abstractions, ou, tout au moins, une science incomplète, insuffisante.

Après avoir vu, en moins d'un siècle, tant d'écoles s'élever et tomber successivement les unes sur les autres, au douloureux aspect de tant de ruines contemporaines, il n'est pas étonnant que des esprits sages et pieux, se défiant de la raison, aient cru devoir s'abriter sous la foi religieuse et chercher dans la révélation un *criterium* que la science humaine leur semblait incapable de fournir. Ils ont proposé, comme seule ancre de salut, une philosophie chrétienne. Ne craignons pas d'aborder la question qui se présente inévitablement: Existe-t-il une philosophie du christianisme, qui puisse remplacer toutes les autres et dispenser de les étudier?

Messieurs, il existe une religion divine, devant laquelle se découvrent nos fronts et se ploient nos genoux. Préparée par la loi ancienne, elle a été donnée au monde par la loi nouvelle. L'Église de Jésus-Christ a reçu des mains du paganisme la vieille société flétrie, souffrante, épuisée, elle l'a réchauffée dans son sein maternel, et lui a rendu l'éclat, la force et la dignité. C'est elle qui, après dix-huit siècles de labeur, nous a faits ce que nous sommes. Nous lui devons tous les bienfaits de la civilisation contemporaine, l'affranchissement des esclaves, l'émancipation de la femme, l'égalité civile, la liberté politique, l'indulgente équité de nos codes, le progrès des lumières faisant tomber peu à peu les barrières qui séparaient les peuples, et la moralité, n'en déplaise à quelques esprits chagrins, la moralité croissant avec le bien-être des classes inférieures. L'action tutélaire et universelle du christianisme est gravée en caractères ineffaçables sur nos monuments, dans nos mœurs, dans nos institutions, et surtout dans nos livres saints : car Dieu a voulu que *sa loi* fût *écrite*; et à celui qui nous demanderait où est le symbole de notre culte, nous montrerions la *Bible*.

De même qu'il y a une religion chrétienne visible à tous les regards, y a-t-il aussi une philosophie chrétienne manifeste pour tous les esprits? Si Dieu avait jugé à propos de nous dicter une psychologie, une logique, une métaphysique, comme il a dicté ses commandements à Moïse, il faudrait fermer nos écoles et brûler les livres de nos philosophes, ou, tout au moins, ne les considérer trop souvent que comme l'histoire de nos rêveries et de nos erreurs. Avec une philosophie révélée, nous aurions la vérité pure, nous serions au-dessus de la condition humaine.

Mais cette philosophie du christianisme, où est-elle?

qu'on nous la montre. Est-ce le platonisme de S. Justin martyr, ou l'éclectisme de l'évêque d'Hippone? est-ce le nominalisme de Roscelin ou le réalisme de Guillaume de Champeaux? est-ce le mysticisme de S. Bonaventure ou le rationalisme de S. Thomas d'Aquin? La chercherons-nous dans Descartes, dans Arnaud, dans Malebranche, dans Fénélon ou dans Bossuet? aurait-elle enfin été promulguée de nos jours par Bonald ou par de Maistre, par M. de Lamennais ou par le professeur distingué[1] dont j'occupe en ce moment la place?

Il est manifeste, Messieurs, que la révélation et la foi, guides infaillibles en matière de religion, ne sauraient nous diriger avec la même certitude dans la science, dans la politique, dans l'art; il est de fait que les écrivains les plus orthodoxes, d'accord sur les dogmes de l'Église, se divisent sur la nature et l'origine des idées, sur la classification des facultés intellectuelles, sur la théorie du beau, sur le principe du droit et de la souveraineté; en un mot, sur les questions purement philosophiques. Dans le camp des philosophes chrétiens, comme dans celui de leurs adversaires, nous rencontrons donc des écoles et des sectes, des discussions et des combats.

Cependant, Messieurs, gardons-nous bien de révoquer en doute l'heureuse et puissante influence des doctrines évangéliques sur les progrès et la diffusion des lumières, et par conséquent de la science philosophique. Des problèmes fondamentaux, sur lesquels avait hésité la science antique, ont été irrévocablement résolus et popularisés par l'enseignement des apôtres et de l'Église. La toute-puissance, la bonté suprême, l'immensité de Dieu, la double nature de

---

1. M. l'abbé Bautain.

l'homme, l'immortalité de l'âme, les peines et les récompenses de la vie future, la fraternité du genre humain, et tant d'autres dogmes enseignés par les philosophes, ont reçu des livres saints la plus haute consécration, la plus imposante autorité. Les incrédules même ont profité, à leur insu peut-être, des vérités que le christianisme avait mises en circulation. Depuis Julien jusqu'à Voltaire, la religion, plus d'une fois, a été combattue avec des armes qu'on lui avait perfidement dérobées. Aujourd'hui toute philosophie emprunte nécessairement au christianisme; mais il y a loin de ces leçons détachées à une science toute faite. Le philosophe chrétien est obligé de construire sa doctrine de ses propres mains, et le système qu'il produit sous sa responsabilité, quelque respectable qu'il soit, n'en est pas moins une œuvre humaine.

Où donc est la bonne, la vraie philosophie? Entendons-nous : la voulez-vous formulée, écrite? Nulle part vous ne la trouverez achevée, complète. La philosophie modèle, la science parfaite et infaillible ne réside que dans l'éternelle sagesse; elle peut se révéler partiellement à l'homme dans la marche providentielle du monde, dans le déploiement de notre nature, dans les lois qui régissent l'ordre physique et l'ordre moral. Tous les sages ont glané dans ce vaste champ; à beaucoup d'erreurs chacun a mêlé quelques vérités; la récolte grossit d'âge en âge; le temps épure le trésor du savoir humain, en même temps qu'il l'accroît. Quel est donc aujourd'hui le devoir du philosophe? regardera-t-il comme non avenus les travaux déjà faits? négligera-t-il l'expérience des siècles, au risque de parcourir de nouveau la même série d'essais, de donner contre les mêmes écueils, d'affronter les mêmes naufrages? Ce serait folie de refaire perpétuellement les études déjà faites. Pour grandir dans l'avenir, l'humanité présente doit s'appuyer sur le passé, et additionner les découvertes modernes avec les conquêtes précédentes. La philosophie, aussi bien que toutes les sciences, marche et se perfectionne avec l'histoire et par l'histoire. Chez nous, le dix-huitième siècle méprisa trop ces vérités élémentaires; il dédaigna les vieux textes, les patientes élucubrations et les vénérables doctrines : il porta la peine de ce mépris. La légèreté des études entraîna la faiblesse et la stérilité des travaux philosophiques.

L'Europe savante regardait en pitié nos métaphysiciens, lorsque, il y a vingt-huit ans environ, une école s'éleva en France, qui rappela la philosophie dans les voies de l'érudition et de l'histoire. Elle interrogea scrupuleusement toutes les sectes de la Grèce, trop longtemps négligées; remit en honneur la scolastique méconnue; consulta l'Angleterre, l'Écosse, l'Italie, et ne craignit pas d'aborder le sol inexploré de la docte et profonde Allemagne. Alors, pour la première fois, furent exposées et discutées devant un public français, aux applaudissements d'une jeunesse enthousiaste, les doctrines de Kant, de Fichte, de Jacobi, de Schelling et de Hegel.

Nous savons, Messieurs, qu'à ces noms bien des âmes timorées reculeront d'épouvante. Parce qu'on a opposé à ces formidables athlètes de la pensée les imputations banales de panthéisme, de fatalisme ou d'athéisme; on croit en avoir fini avec eux. Mais on n'en est pas quitte à si bon compte avec les rudes jouteurs de l'Allemagne. Non, les modernes Titans n'ont péri tout entiers ensevelis sous les monts qu'ils avaient entassés. D'abord ils repoussent énergiquement d'odieuses imputations : ils ne sont point fatalistes, les apôtres de la liberté germanique, les prédicateurs d'une morale plus pure et plus sévère que celle du Portique ; ils ne sont point athées, ceux dont l'enseignement part de Dieu pour revenir à Dieu, et semble commenter cette sainte parole *in Deo vivimus et sumus*. Enfin, Messieurs, il faut, quoiqu'on en ait, tenir compte de l'apparition de tant et de si glorieux artisans de systèmes. Ce n'est pas par une fin de non-recevoir ou par un simple ordre du jour qu'on les écartera des grands débats de la philosophie. Combattez leurs erreurs, mais respectez leur génie et les monuments qu'il a élevés.

L'école française dont nous parlons, et dont nous ne sommes qu'un des plus obscurs travailleurs, a étudié la pensée humaine à toutes ses époques ; et profitant des travaux accumulés par les âges, elle est arrivée à ce résultat qu'une philosophie complète doit recueillir et embrasser toutes les vérités éparses dans les différentes sectes. Pour désigner cette direction d'études, déjà vieille dans le monde savant, elle a choisi un mot ancien, comme la chose qu'il représente, le nom d'*éclectisme*.

Ainsi, Messieurs, l'éclectisme n'est pas précisément un système, mais un simple procédé, une méthode. Comme le terme l'indique, ce n'est qu'un choix ; or, un choix suppose une appréciation, un discernement, et par conséquent une mesure, une doctrine préalable, ne fût-ce que le bon sens. Il faut donc que l'éclectisme s'appuie sur quelque chose d'antérieur. Il peut même y avoir des éclectiques de diverses écoles, selon les principes en vertu desquels ils choisiront. Le résultat sera meilleur, selon que le *criterium* vaudra mieux. Tous choisissent, c'est par là qu'ils s'accordent ; tous ne choisissent pas de même, c'est par là qu'ils diffèrent. L'esprit de cette école, c'est la liberté, la tolérance ;

l'impartialité. Il n'y a unité qu'en ce sens que tous respectent le passé, l'étudient et profitent de ses travaux.

Remarquez bien, Messieurs, que de tout temps ce fut la pratique des hommes judicieux. Socrate, Platon, Aristote, Cicéron, Sénèque, les Alexandrins, ont été tous plus ou moins éclectiques : il y en eut parmi les docteurs de l'Église et parmi les scolastiques. Pierre le Lombard, *le père des sentences*, est un éclectique hautement avoué. Les esprits exclusifs, étroitement systématiques, et les métaphysiciens ignorants sont les seuls qui aient intérêt à s'éloigner de cette prudente méthode.

Eh quoi! nous dira-t-on, la prétendue réforme, dont on a fait si grand bruit, se borne à si peu de chose? voilà tout le progrès, toute l'originalité d'une école, qui se dit nouvelle?

Oui, Messieurs, le seul service qu'elle prétend avoir rendu à la philosophie française, c'est de l'avoir ramenée à l'étude des textes, des faits, des systèmes, qu'elle négligeait beaucoup trop au dix-huitième siècle; c'est d'avoir reconnu et remis en honneur la vieille et populaire habitude de chercher le vrai partout où il se trouve, d'avoir suivi pas à pas tous les degrés qu'a parcourus la pensée humaine, et retrouvé tous les anneaux de cette chaîne immense dont le premier chaînon est dans les temples de l'antique Orient, et dont les derniers se prolongent dans nos écoles modernes. Car, notez-le bien, Messieurs, de même que l'histoire politique, le droit, les sciences naturelles et mathématiques, la philosophie se fait tous les jours et ne s'achève jamais. Chaque époque a sa part dans cette tâche, chaque école apporte son tribut. Les conquêtes s'ajoutent aux conquêtes, et le domaine s'agrandit; les erreurs tombent successivement pour faire place à des vérités, et les ténèbres fuient devant la lumière. «Les systèmes, les doctrines, dit Lamennais, croissent, comme tout croît, par une évolution progressive, simples éléments d'un tout futur jamais achevé, jamais complet: car une philosophie complète serait la science absolue, la science infinie.»

Après les premiers jours d'épreuves, de luttes et de persécutions, l'éclectisme français a eu sa période d'éclat, sa popularité, ses triomphes. Maintenant il semble que pour lui vont recommencer les épreuves et presque les persécutions. On appelle sur son enseignement l'anathème, on en fait un monstre noir de crimes, un épouvantail pour les crédules et les timides. Afin d'apprécier la bonne foi de ses antagonistes, rappelons en peu de mots ce qu'il a fait et ce dont on l'accuse.

Il aspire à recueillir dans chaque système la portion de vérité qu'il contient, et à remettre ces éléments d'un même tout à la place qui leur appartient dans la science. Eh bien! on lui prêtera l'absurde projet de fondre le vrai et le faux en un ridicule amalgame, en un inconciliable mélange.

Il combat à outrance le sensualisme et ses funestes conséquences dans la morale, dans la politique, dans les beaux-arts; et on lui reproche de faire prédominer les intérêts matériels.

Il a énergiquement réfuté l'idéalisme de Fichte; et on l'accuse de fonder la philosophie sur le moi.

Il proclame des vérités nécessaires, universelles, absolues; et on lui impute un caractère personnel et arbitraire.

Enfin il exalte le dévouement, l'abnégation et l'héroïsme; et on nous le présente comme captif dans l'égoïsme, dans l'intérêt personnel!

Dans ces attaques, dont vous pouvez apprécier la loyauté, on a enveloppé avec l'éclectisme, l'Université d'où il est sorti. Dès qu'on déclarait la guerre au progrès des études philosophiques, il fallait bien remonter à la source du mal. Oui, Messieurs, il est juste de faire retomber sur l'Université le blâme ou l'honneur, comme on voudra, des travaux importants exécutés de nos jours dans l'histoire, dans la critique littéraire, dans la philosophie.

Rappelez-vous, Messieurs, l'état intellectuel et moral de la France, au moment où un génie organisateur rétablit les études et fonda l'enseignement national. Vous savez comment, vers la fin du dix-huitième siècle, tout s'était rapetissé en France.

Qu'était devenue l'histoire? Une gazette partiale, tout occupée à défigurer les faits dans l'intérêt d'une secte ou d'une coterie. L'érudition elle-même, quand parfois encore elle se montrait, ne s'évertuait guère qu'à ridiculiser, à détruire les vieilles croyances, et à guerroyer contre le passé.

La critique, étroite, mesquine, ne sortait guère de la sphère tracée par Laharpe. Son horizon ne s'étendait pas au delà des barrières de Paris. L'antiquité n'était plus comprise; les étrangers n'étaient pas encore connus.

Enfin le sceptre de la philosophie était tombé aux mains des derniers héritiers de Condillac. Une analyse impuissante, s'exerçant sur des phénomènes, cherchait en vain sous cette poudre impalpable, les lois de la pensée : pouvait-elle faire jaillir du sein des ténèbres et de la mort des principes de lumière et de vie.

Avec la création de l'Université tout change : qui ne sait à quelle docte impartialité nos maîtres ont élevé l'histoire; quelle haute portée ils ont donnée à la critique littéraire? qui ne sait qu'ils ont relevé la philosophie française de son abaissement, et que leurs doctrines généreuses ont rétabli la morale, le droit et l'esthétique sur la base inébranlable des principes?

Voilà, Messieurs, ce que l'Université a fait depuis trente-quatre ans; voilà ce que nous tenterons de continuer selon la mesure de nos forces. Unir constamment les études historiques aux recherches spéculatives; donner aux faits l'autorité des principes, et contrôler par l'observation des faits la valeur réelle des principes.

Mais, pour ne point errer dans nos investigations historiques, pour juger sainement tant de systèmes, pour faire le triage des erreurs et des vérités, pour choisir et assembler les éléments d'une doctrine solide, à quelle autorité recourrons-nous, quel sera notre oracle?

La conscience, nous n'en connaissons pas d'autre; la conscience, unique point de départ de toutes les écoles, qu'elles l'avouent ou non; la conscience avec ses naïfs instincts, ses fortes sympathies, ses indestructibles croyances, ses sublimes aspirations. Heureux, si les libres spéculations de la science, concentrant toutes les puissances de notre être sur l'unité féconde, en qui tout se résume, nous autorisent enfin à nous reposer dans la seule certitude qui ne trompe jamais!

Messieurs, lorsque l'être des êtres laissa échapper de son sein inépuisable les mondes et leurs habitants, il imprima sur toute la création le sceau de sa divinité, afin que la terre et les cieux eussent une voix pour annoncer sa gloire. En même temps il mit dans nos âmes une étincelle de sa lumière, afin que l'homme pût comprendre ses œuvres et s'élever à lui par la pensée. Il nous inspira l'amour de la beauté pure; l'intelligence de l'éternelle vérité, et l'insatiable besoin de l'infini; puis il permit à notre libre activité de sonder les mystères de la nature, et de tendre au ciel par la science et par la vertu. Ah! Messieurs, ne devons-nous pas nous arrêter avec effroi devant ce grand travail, quand nous songeons que c'est là l'auguste mission imposée à la philosophie?

www.ingramcontent.com/pod-product-compliance
Lightning Source LLC
Chambersburg PA
CBHW071423060426
42450CB00009BA/1980